2
A

1

SECRET SENSES

BULGARIAN POETRY IN TRANSLATION, VOL. 8
EDITED BY LOIS MARIE HARROD

Secret Senses

SELECTED POETRY OF
EDVIN SUGAREV

TRANSLATED BY
LUDMILLA G. POPOVA-WIGHTMAN

IVY PRESS, PRINCETON, NJ

I v y P r e s s
16 Balsam Lane, Princeton, NJ 08540
Tel.: (609) 933-7779 Fax: (609) 921-7044
www.ivypressprinceton.com
info@ivypressprinceton.com

The poems in *Secret Senses* are a selection from *Obratno
durvo* (Reversed Tree), 1989; *Vodni krugove* (Rings of
Water), 1990; *Slizaiki* (Descending), 1992; *Kratko* (Briefly),
1995; *Skriti setiva* (Secret Senses), 1996; *Dzhaz* (Jazz), 1998;
Hoshab (Hoshab*), 1999; Gobi* (Gobi), 1999; *Chirep* (Shard),
2001; *Lingva Lingam* (Lingua Lingam), 2001; *Gibelni dumi*
(Devouring Words), 2003.

Published in 2005 by Ivy Press Princeton on acid-free paper
Designed by Ludmilla G. Popova-Wightman

Books may be ordered from the Press.

Library of Congress Cataloging-in-Publication Data

Sugarev, Edvin.
  [Poems. English & Bulgarian. Selections]
  Secret senses : selected poetry of Edvin Sugarev / translated
by Ludmilla G. Popova-Wightman.-- Bilingual ed.
      p. cm. -- (Bulgarian poetry in translation ; v. 8)
  Bulgarian original and English translation.
  ISBN 1-930214-09-X (alk. paper)
  1. Sugarev, Edvin--Translations into English. I. Popova-
Wightman, Ludmilla G. II. Title. III. Series.
  PG1038.29.U38A2 2005
  891.8'113--dc22
                        2005033945

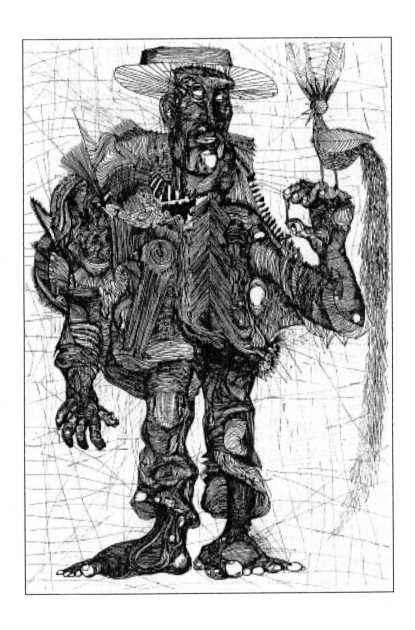

СЪДЪРЖАНИЕ

CONTENTS

INTRODUCTION:

EDVIN SUGAREV AND HIS POETRY

Hannah Arendt writes, apropos the French Resistance but also in terms of the history of revolutions per se, of the "lost treasures of the revolutions." One has good reasons to believe, she says, that these treasures, which seem to have no substance and no name, never existed: "unicorns and fairy queens seem to possess more reality than the lost treasures of the revolutions." Sixteen years after the changes that swept across Eastern Europe and plunged Bulgaria into what seemed to be an unending oscillation between exhilaration and despondency, the poetry of Edvin Sugarev—but also his extraordinary, larger than life personality—appears as the cipher of such a lost, unnamable treasure.

Poet, scholar and dissident Samizdat publisher in the 1980s, Edvin Sugarev was a key figure in the decade of artistic and intellectual unrest, which preceded the fall of communist rule in Bulgaria. The ground floor of the old Sofia house, where he lived at that time, became the generous meeting ground for poets and intellectuals. In the dim candlelight (a romantic feature, which we owed to the electricity shortages that marked the agony of communist rule), manuscripts were circulated, poems were read and discussed, and a lot of wine was drunk. An avalanche of such unofficial or semi-official gatherings of different circles and clubs (a phenomenon that came to be designated as the "seminar") was the curious symptom of the coming demise of the communist dictatorship. It was to a large extent motivated by a censorship that kept persecuting free publishing but could no longer control speaking. The "cultivation of dialogism" (as art historian Angel Angelov put it) and "the complete unfurling of the element of speech" (as philosopher Tzotsho Boiadjiev expressed it) became a way of life in a number of politically oblique contexts: from university discussions of Plato's "unwritten doctrine" to the use of private apartments for exhibitions, poetry readings, opera and theatre productions.

There was a carnivalesque flavor to this trend when young philosophy professors sang the "Opera Wittgenstein" and a mathematical logician (who became minister of foreign affairs, to give a taste of pending peripeteia) organized a hugely popular "exhibition" with his "visual art." The need for larger spaces grew and any pretext would be utilized. A seminar on mathematical logic—to offer one bizarre example—took place in the largest auditorium of Sofia University, when 500 people carefully listened to an obscure subject matter. A poetry reading held in the same auditorium (in which Edvin Sugarev took part along with future vice-president Blaga Dimitrova) drew a huge crowd that was trying to break into the building with mounted police trying to stop it. At the end of the eighties such seminars, clubs, and performances were transformed and, in fact, dissolved into a political movement proper under the umbrella of *Ecoglasnost*, initially a small ecological club, which by 1990 acquired a membership of 120,000 and played an important role in the political events of the 1990's.

Edvin Sugarev who was a leading figure in *Ecoglasnost* emerged as one of the most significant and outspoken politicians of the democratization process. Whether as an MP in successive parliaments, or as an ambassador to Mongolia and India, which allowed him to come in closer contact with his beloved East, he invariably preserved his stance of an alternative intellectual formed in the turmoil of the 1980's, an embodiment of Havel's famous demand for "living within the truth" and a "parrhesiast" in the Foucauldian sense, whose persuasiveness comes from "a kind of ontological harmony" between what one says and what one is.

The traces of over two decades of political upheaval, however, are almost invisible in the poetry Edvin Sugarev never stopped writing. Or rather, they would be visible only through a thorough understanding of the specific configuration of the political in the inverted world of late communism and its afterlife in the transition period. Sugarev's poetry, frequently situated on a crisp suicidal edge, seems to move between two disparate universes—or, more exactly, two disparate salvations. One is tragic, intense, teleological, envisioning a beginning and an end, ultimately Christian. It plays with the horizon of a final victory over death, it promises a Judgment day, the union of the living and the dead, eternal life. The other one is serene, transparent, simultaneously riveted and detached, undoubtedly touched by the East. It does not exclude the hope for some sort of exit but this exit is envisioned as the individual trajectory of a deathless but also faceless (its mirror is broken) monad.

Does Sugarev's poetry believe in these contrasting salvations? I think his poetry believes in its own clear-sighted gazing.

Last year Sugarev published a short lyrical novel entitled *The Impossible Shelters of Poetry*. When presenting the book, I wrongly introduced it as *The Inevitable Shelters of Poetry*. What Sugarev's poetry wants us to face is the stubborn return of this shelter's impossible inevitability.

Miglena Nikolchina

Гибелни думи
(2003)

ПОСТИГНАТОТО

аз имам всички ключове когато
няма вече никаква врата

Devouring Words

(2003)

THE ACHIEVED

finally I have keys to all doors
when there are no doors left

КОТЕШКО

как се протягаш котко на смъртта
как мъркаш в скута ми и как забъркваш и заплиташ
кълбцето с кървавите върви смътните следи
изсъхналите змийски кожи на годините

как се изгърбваш как издебваш как се свиваш преди скока
как сляга в тебе времето как своя дъх стаява
и как любовно те желае изтощената ми кръв
която помни мезозойските скали
и антрацитените ледове отвъд вселената

как се протягаш котко на смъртта
как мъркаш в скута ми и как расте тревата
как иде вятър и отнася всички цветове
натам където зее тишината

CATLIKE

how you stretch   cat of death
how you purr on my lap
how you play with the ball of the years
how its bloody strands smeared traces
shed snake skins get tangled and snarled

how you stalk   how you arch your back   how you stiffen
                               before the leap
how time settles in you   how time holds its breath
and how my tired blood lovingly desires you
my blood remembering the Mesozoic rocks
and the anthracitic ice beyond the universe

how you stretch   cat of death
how you purr on my lap and how grass grows
how the wind comes and carries away all blossoms
to the place where silence gapes

НЕКОИ ОПРЕДЕЛЕНИЯ

родината е като съдбата
сам си си я направил
градил си я с тухли от карма
лош си бил много лош си бил някога
някога
много отдавна

родината е като сатъра
дето сред курника грее
за слънце го мислят кокошките
но иде ден и полита слънцето
право надолу
и със свистене

родината е и като скута на мама
нежен и с дъх на мляко
невръстен притисках се в него
а тя ме погалваше с обич
и не чуваше немия крясък

мамо
върни ме обратно

CERTAIN DEFINITIONS

your country is your fate
you have made it yourself
you have built it with karma's bricks
you have been bad you have been very bad once
once
a long time ago

your country is an ax
shining in the chicken coop
the hens take it for the sun
but one day the sun
hissing
falls
down

your country is also your mamma's lap
tender scented with milk
as a child you cuddled up to her
she lovingly caressed you
and didn't hear your mute shriek

mamma
take me back in

* * *

стар дрешник толкова дълбок че
прилича на самото сътворение
уютно можеш да се чувстваш само тук
обгръща те прахът молците пеят
приспивни песнички додето доглозгват
поредния ти образ закачен на закачалката
ето и това лице се изхаби
вече са толкова много толкова много
някои съвсем протрити и проядени а други не съвсем
някои пък само два три пъти слагани
при случаи особено тържествени
а някои са неупотребявани въобще
но между впрочем тези вече намаляват
и май едно единствено останало е вече
това загънатото в найлона и
впечатляващо със восъчната бледност
е
тъй де
пак ще трябва да наложа някое изпитано лице
додето всяко поотделно а и всички заедно ми писнат

* * *

an old wardrobe
so deep
it feels like Noah's Ark
it's the only place you are comfortable
the dust enfolds you
moths sing lullabies as they finish
eating through your next mask
hanging on a hook
see this face has become worn out too
there are already so many so many
some quite threadbare and moth-eaten
some in good shape
displayed just two or three times
on special occasions
some never used
by the way only a few of those are left
actually just one
the one wrapped in plastic
remarkable for its waxy pallor
so what
well
I'll have to slip on one of those tested faces again
until I get fed up with it or with all of them together

Лингва Лингам

(2001)

КЛЕТВА

На Мери

аз ще преплувам
тишината

чакай
в песента на славея

Lingua Lingam

(2001)

VOW

To Mary

I will swim
across silence

wait for me
in a nightingale's song

ПЯСЪК

обитавам те
както песента
славея обитава

обладаваш ме
както водата
камъка обладава

пясък на дъното съм
накрая
упокоен и безименен

пак ще се срещнем
тогава
ти ще си морска вълна

SAND

I inhabit you
the way a song
inhabits a nightingale

you ravish me
the way water
ravishes stones

finally I am sand
on the sea-bottom
unknown peaceful

when we meet again
you will be
the sea wave

ПРОСТРАНСТВО

безименното присъствие
безименното отсъствие

танцувам в здрачевината
изопната между тях

SPACE

a nameless presence
a nameless absence

I dance in the dusk
stretched between

СТЪПКИ

топла светлина и крапки есенни
слънцето
от клоните се стича
по пътеката идеш
гола
и листата целуват петите ти

само стъпка още
само стъпка
и ще сме завърнати завинаги

STEPS

warm light and patches of autumn
the sun
flows down the boughs
you are coming along the path
naked
and the leaves kiss your heels

one step more
one more step
and we will be wrapped
around each other forever

ЛЕКОТА

да притвориш вратата
след себе си
и себе си да открехнеш

да го направиш с едно
единствено движение

нехайно

SUBTLETY

to half-close the door
behind you
and to half-open yourself

and to do it
with a single movement

carelessly

ПРИСЪСТВИЕ

има те във всяка песъчинка
сред пустинята
която стъпките обсажда

има те в снежинката която
върху тръпнещите мигли
се разтапя

има те дори и в този камък
катинар на моя дом
последен

и когато бъда кал безименна
и в дланта на бога
ще те има

PRESENCE

you are in every sand grain
in the desert
besieging my steps

you are in the snowflake
melting
on my quivering eyelashes

you are even in this stone
I use to close the door
of my last home

and when I become nameless mud
you will be
on God's palm

ДРУГИЯТ ПЪТ

най-сетне
стана прозрачна земята
и приливът донесе други сетива

езикът изпълзя слухът отлитна
излишните очи
нехайно се отрониха а ние
просто продължихме

слепи
слети

DIFFERENT ROAD

finally
the earth became transparent
and the surf brought other senses

the tongue crawled out   hearing flew away
unnecessary eyes
dropped carelessly from their sockets and we
simply continued

blind
blended

ОТБЛЯСЪЦИ

като живота бавна е
реката
като живота бавна е и вечна

нетрайни са единствено
отблясъците
които между сенките
мъждукат

нетрайна е поезията тяхна

единствено възможната поезия

GLIMMERS

this river is like life
like life
slow
slow and eternal

only the glimmers
flickering
among the shadows
are ephemeral

their poetry is ephemeral

the only poetry

* * *

пустотата
си има форма

формата
си има пустота

ала бог е пиян грънчар
който своите делви троши

* * *

emptiness
has a form

form
has its emptiness

but God is a drunken potter
who breaks his own wine jars

СВОБОДНИЯТ ДОСЕГ

аз съм нехаен
почти съвършено нехаен
особено когато пиша

избягвам всякакви ризници

оставям думите да дишат

UNFETTERED REACH

I am careless
quite careless
particularly when I write

I don't wear armor

I let my words breathe

ЗАПРОЛЕТЯВА

сбръчква се
изсъхва вече кожата

ала и този път ще изпълзи
гъвкава и лъскава
душата

SPRING IS COMING

the skin has become
wrinkled
dry

but once again
the soul will surface
supple and shining

ПЕЙЗАЖ ИЛИ НЕЩО
БЕЗ ДУМИ

почерни се черницата
и джвакат плодовете ѝ
под босите пети на селските дечица

някъде далеч в замаранялото поле
един избягал кон все още цвили

яворът гори
и в кръг опърлените ангели се вият
додето бродят по ръба на пропастта

напуснати
неохраняеми души

LANDSCAPE OR SOMETHING
EXPRESSED WITHOUT WORDS

a mulberry tree is veiled in black
its fruits plop-plop
under the bare feet of village children

far away in the hazy field
a run-away horse whinnies

a maple tree burns
and singed angels glide in a circle
over the edge of the abyss

abandoned
defenseless souls

ЗАДНИЯТ ДВОР НА СЪНИЩАТА

дори и да поискам да заспя
едни огромни клещи ме изтеглят
пред ококореното настояще

вглеждам се
в опулените му очища
колебая се
но само миг и след това пристъпям
през прага на пухтящата му паст

с глава надолу се катеря по небцето му
като по стълба към небето дето моя сън
завихря своите въртопи от звезди

THE BACKYARD OF DREAMS

even if I want to fall asleep
a pair of huge pliers will pull me out
to face the gaping present

I stare
at its gawking eyes
I hesitate only for a moment
then cross the threshold
of its puffing muzzle

with my head hanging down I climb its palate
as if I ascend stairs pointing to the sky where
my dream spins its maelstrom of stars

ДРУГИТЕ ЦЪФТЕЖИ

най-сетне
дойде есента
и изтърбуши храстите
дори минзухарите свършиха
и лази слана в тревите

само твоите устни цъфтят

ANOTHER BLOSSOMING

autumn
finally arrived
and eviscerated the shrubs
even the asters are gone
frost creeps up the grass

only your lips bloom

НАМЕСТВАНЕ

скални процепи шмугнато гущерче
и огромна луна над морето
нежен ропот и шаващи ласки
и обкичи ни с пяна прибоят
тази нощ си и бяла и смугла
и ухаеш на диви смокини
и наместват се плоските камъчета
по извивките жежки на тялото

SETTLING

a gecko slips
through cracks in the rock
an enormous moon over the sea
tender muttering and playful caresses
surf adorns us with foam
tonight your skin is pale-olive
scented with wild figs
the pebbles settle
around your burning curves

НИЩО В ГЛАСА НА ЩУРЕЦА

тази нощ аз няма да съм сам
един щурец се е объркал и е скочил през прозореца
утре ще го пусна ала тази нощ
ще пием вино заедно и ще си подхвърляме луната
и ще си доверим ухания на пясъчник и на смокиня
и ще изпробваме доколко и при двамата смъртта
населила гласа ни
ще каже всичко без да проличи
стоманения съсък на сланата
дошла да покоси несбъднатото в нас

NOTHING IN A CRICKET'S VOICE

tonight I won't be alone
a confused cricket
jumped through the window
tomorrow I will let it out
but tonight we shall drink wine
play catch with the moon
and share scents of sandstone and figs
we will test how death
inhabiting our voices
expresses everything without revealing
the steely hiss of frost
coming to mow down our unfulfilled wishes

ТАНЦ НА ДЕРВИШ

все по-бързо
все по-бързо се върти
върти се докато се слее
в цветен вихър разноликото
докато тимпаните на ритъма
в един единствен звук протяжен зазвучат

пространствата са подлудели
огъват се и се изливат в него
вдън въртопа
стопява ги
и ги поглъща и вилнее
на танца в урагана
но както и във всеки ураган

в центъра
е спокойно

в центъра
е мълчание

DANCING DERVISH

he spins
faster
and faster
he spins until his faces blend
into a colorful whirlwind
and the drums' rhythms merge
into one long lingering sound

the space curved around him
goes crazy
it reaches the tip of the vortex
melts it
absorbs it
and rages in the dance's hurricane
but as in any hurricane

the center
is calm

the center
is silent

ГРАНИЧНИ МИГОВЕ

изтлява светлината
залинява

сякаш някой стърже с грапав камък
фрески от стена на древна църква
сякаш някакъв саван задипля цветовете
сякаш щур монах в чер туш потапя четка
и сенките добиват
бавна плътност
по-сигурни и истински от зримите неща

привечерява
съгрятата земя дъхти на орехи и вино
а прилепите с коси полети докосват
потайните стаени езерца

LIMINAL MOMENTS

the light languishes
fades

as if someone scraped
ancient church frescoes with a rough stone
as if a shroud were draped over the colors
or a crazy monk dipped his brush into black ink
and the shadows slowly grew denser
more visible and solid than the real things

dusk falls
the warmed earth is scented
with walnuts and wine
and the bats in slanting flights
glance off secret little lakes

Чиреп

(2001)

ПРИСЪСТВИЕ

ние сме като вълните
идваме и си отиваме

и бавно
съвсем по мъничко
променяме този бряг

Shard

(2001)

PRESENCE

we are like waves
we roll in
recede

and slowly
little by little
we change this shore

КЪСНА РЕПЛИКА

вероятно вече е настъпил страшният съд
и скъпите ни мъртъвци са оживели

не се търкалят вече кървави в боклуците
ни маршируват с дървени налъми
из своите подземни градове

само дето бог се е успал и няма кой
да раздели гмежта на праведни и грешни

и гарваните пеят славееви песни

LATE RETORT

perhaps the day of judgment has arrived
and our dear dead have come back to life

bloodied   they don't wallow in the refuse
or march in prison clogs
in their underground towns

it's just that god has overslept and there is no one
in the throng to separate the sinners from the just

and the ravens sing nightingale songs

ЧИСТИЛИЩЕ

когато бог затвори своята врата
заселихме се
смокове
под прага му

прилежно всяка пролет кожите си сменяме
нищо
че стопанинът го няма

PURGATORY

when god closed his door
we grass snakes
moved under
the porch

every spring we dutifully change our skins
it doesn't make any difference
that the host is not here

ПОРЕДНАТА КОСМОГОНИЧНА ХИПОТЕЗА

сигурно въобще е нямало създател

сигурно сами от себе си изниквали нещата
само че това израстване дали
е било израстване наистина

или просто е било вплътняване
отвърдяване вкостяване съсирване
дрипели от остаряла светлина
грохнало разпадане на нищото

може би сме жертви на склерозата
на затлачване в лазурените фибри

може тъй нареченият дух да е
старчески бъртвеж на празнотата

THE LATEST COSMOGONY

surely there wasn't any creator

surely things grew out of themselves
but was this growth
really a growth

or was it simply a thickening
hardening ossifying coagulation
rags of an aged light
a decrepit disintegration of nothing

perhaps we are children of sclerosis
of a clogging of the azure's arteries

perhaps the so called spirit is
the senile chatter of emptiness

САКРАЛНА СИМВОЛИКА

вместо опашка глава
поникнала на змията

не знае къде да пълзи
всяка глава тегли към себе си
всяка глава съска към другата
зъби разтваря и хапе

накрая едната глава
поглъща другата
по-невръстната

и няма змия има кръг
а щом има кръг значи има и бог
и ей го сакралният символ

SACRAL SYMBOLISM

a snake grew a head
instead of a tail

it didn't know which way to slither
each head pulled in its own direction
each head hissed at the other
showed its fangs and bit

finally one of the heads
swallowed the other
the younger of the two

and there is no snake but a circle
and if there is a circle it means there is god
and here is the sacral symbol

ОКОНЧАТЕЛНАТА РЕЦЕНЗИЯ

няма никакъв смисъл в текста
няма никакъв смисъл в думите

те се измислят сами
те всъщност си мислят сами
и за нещо съвсем различно

DEFINITIVE REVIEW

the text is meaningless
the words are meaningless

they invent themselves
they actually think for themselves
and about something quite different

ЛЮБОВНИЦИ В БЛАТОТО

мъхнати дънери и вик на сова в дъното
а нежността приижда
с дъх на джоджен

любов сред блатото
та влюбените всъщност

винаги
завинаги потъват

LOVERS IN A SWAMP

mossy stumps
at the swamp's edge
an owl hooting

tenderness rises
with the scent of mint

love within the swamp
as life is
lovers

always sink
forever

ПРИБЛИЖАВАНИЯ

в есента дрипавее гората
правя си колиба с покрив от листа
за пътя към смъртта по цял ден споря с минзухарите
нощем се любя с луната
сутрин скрежът
по старите чепици пролазва като ласка
и една какавида ми шепне
ти вече си близо и
ще стане много скоро

много бяло

APPROACHES

in the fall the forest frays
I build a hut with a roof of leaves
and the whole day argue
with autumn crocuses
about the road towards death
at night I make love to the moon
and in the morning the frost
creeps up my old shoes like a caress
while a chrysalis whispers
you are already very near
it will happen soon

it will be pure white

ПОСЛЕ

вече няма за какво да си говоря с бога

всичко между нас е вече казано
остава ни единствено да се оставим на забравата
и мълчанието да тече между нас

после

няма после
после той ще си е бог
а аз ще съм бамбукът за неговата флейта

AFTERWARDS

I have nothing more to say to god

everything has already been said
what remains should sink into oblivion
silence should flow between us

afterwards

there is no afterwards
afterwards he will still be god
and I will be the bamboo for his flute

НОЩ

от едната страна залез
а от другата изгрев

ръбовете на рана

ние
в средата стихнали
взиращи се през себе си

светлината я няма

краткотрайни отшелници
препрочитаме времето
под склопените клепачи

и с кожата си долавяме
далечното просвистяване

махало ли
гилотина ли

NIGHT

on one side dusk
on the other dawn

a wound's opening

we are quiet
in the middle
peering through

there is no light

ephemeral hermits
we reread the flow of time
under closed eyelids

and with our skin
sense the distant whistling

of a pendulum
or a guillotine

ТЪМНО

моите слепоочия
са врати

там влизат и излизат
и се срещат

но стаите са всъщност
твърде пусти

и всички свещи от течението
гаснат

DARK

my temples
are doors

there people enter and leave
there they meet

but the rooms are actually
quite empty

and the draft extinguishes
all candles

ДЕФИНИЦИЯ НА БЪЛГАРИЯ

тук сме
в границите на несбъдването
дето
доглозгват синовете костите на своите предци
а пък светецът приравнен с предателя пирува
на отколе заченъта
нивга несвършваща сватба

тук сме
охлюви потънали в черупката от минало
завихрени в една побадена сред нищото спирала
осъдени да преповтаряме забравените истини
и да не различаваме билото от възможното да бъде

и всеки е родина
сам на себе си
и всеки сам във себе си умира

DEFINITION OF BULGARIA

we are here
inside the borders of the unrealized
where
sons finish picking their ancestors' bones
and the saint and the traitor
treated as equals
celebrate at a never-ending wedding
begun long ago

we are here
snails hidden in the shell of our past
spiraling towards nothing
sentenced to repeat forgotten truths
unable to distinguish
between the past and the possible future

and everybody is his own country
and everybody dies within himself

РОЖДЕСТВО

още съвсем малко и
ще се роди смъртта

тъй дълго си я зачевал
тъй дълго я носеше в себе си
тъй отдавна всички наоколо
за нея се грижат
виж

креватче сковава гробарят
край огъня седнала мама плете
пеленките саванени
носят мойрите дарове

и кървавите порти
се разтварят

CHRISTMAS

soon
death will be born

you have conceived it for so long
you have carried it so long
everybody
has looked after it
for so long
see

the gravedigger nails the cradle
at the fireside
mother knits shroud diapers
the Moirae bring gifts

and the bloody gates
open

Гоби

(1999)

1.

Тъй както вятърът през дрипи на плашило,
пустинята прониква в нас, обзема ни,
изяждат времето пространствата развихрени
и експлодират хоризонтите, разпадат се
убежищата ни, градени през годините
да приютяват свилото се аз.

И сякаш че не ние нахлуваме в пустинята,
а тя се влива в нас. Изсипват се пейзажите
подобно струйка пясък в пясъчен часовник,
загръща ни прахта в ефирната си мантия
и ни сродява с пепелта на изгорелите звезди.

Gobi
(1999)

1.

The way the wind penetrates a scarecrow's rags
the desert penetrates, possesses us,
the raging spaces devour time
and explode the horizons,
the shelters, we've built to protect
our cowering selves, disintegrate.

It is the desert that flows into us, it seems,
and not us who burst into it.
Landscapes stream like sand
through an hourglass, the dust enfolds us
in its ethereal mantle and connects us
to the ashes of burnt-out stars.

4.

Оскъдна жълтеникава земя,
обрасла в саксаулови дръвчета,
облазвана от пясъчните гущерчета,
преброждана от дивите коне.

Която плува –
да –
това е думата.

Тя плува и се люшка в океана
на безпределното размиване и стапяне
подобно буца лед,
която се топи.

Трепти на хоризонта маранята
и всички очертания разкъсва,
и виждаш хълмове, висящи без основа
сред възпалено-синьото небе,
и виждаш дюните, които се нагъват
като тресавища от подивяла светлина,
змията път се гъне и потъва
към някакъв съвсем различен свят.

4.

A bare ochre land,
overgrown with saksaul
where geckoes scamper
wild horses roam.

It floats—
yes—
this is the right word.

The land floats and sways in an ocean
of limitless dissolving and disappearing
like a melting
iceberg.

Haze quivers over the horizon
and distorts all shapes,
you see hills hanging
in the inflamed-blue sky,
you see dunes folding
like a quagmire of light, gone wild,
and the snake-road curves and sinks
into a very different world.

7.

Пустинята е гола женска плът,
която с всяка крачка обладаваш.
Въздигнати гърди, разтворени бедра,
извивките на пясъчните устни,
безумната космическа еротика,
която себе си зачева всяка нощ
под сребърната сперма на звездите.

Очаква те пустинята разтворена,
набъбваща, пулсираща и жарка,
и ти навлизаш в нейната утроба,
но с чувство раздвоено – че я обладаваш,
но също ти си ембрионът, който чака
от себе си да се роди.
Да се роди.

7.

The desert is naked female flesh
you possess with every step.
Raised breasts, open thighs,
the curves of desert lips,
the mad sensual sky
that impregnates itself every night
with the stars' silver sperm.

The desert, opened, waits for you,
swelling, pulsing, hot.
And you enter its womb
with uncertain feelings—you possess it
but you are also the embryo that waits
to be born of itself.
To be born.

12.

Разядена безжалостно земя.

Тук каменните кости се оголват
и вятърът нагъва диплите гранитни
в предверията към един по-явен свят.
Провисват изтърбушените пясъчници
в изящни и небесни сталактити,
а хоризонтът е насечен от динозавърските хребети
на внезапни вулканични планини.

Кой казва, че пустинята е тиха?
Че нямала език,
че нямала мелодия?

Тук земната архитектоника звучи –
една безкрайна подивяла фуга,
и ти я чуваш,
ти я чувстваш –
тя прониква.

Прасъществото в теб танцува танц на корибант
по въглените вечни на пустинята.

12.

Earth, mercilessly eroded.

Here the stone bones are uncovered
and the wind molds the granite rocks
at the entrance to a more open world.
The eviscerated sandstone hangs
in graceful heavenly stalactites,
and the horizon is cut through by dinosaur ridges
of unexpected volcanic mountains.

Who says the desert is quiet?
That it doesn't have language
or melody?

Here are the Earth's architectonic sounds—
an endless wild fugue,
and you hear it,
and you feel it—
it penetrates you.

The primordial being in you dances Corybantes' dance
on the desert's eternal embers.

Хошаб
(1999)

ДЕЛНИЧНО

по изгрев
додето слънцето огряваше върхарите
един крадлив петел кълвеше
първия узрял домат във моята градина
и ми довери с немигащ поглед

търся бога

Hoshab

(1999)

MUNDANE

at sunrise
while the sun touches the treetops
a thieving cock pecks
at the first ripe tomato in my garden
and with his steady gaze
confides

I am searching for God

ГЛЕДНИ ТОЧКИ

езикът
който се разпада още там
в прибоя на моите устни

езикът
който е безкрайно ехо
от спотаеното в мен мълчание

POINTS OF VIEW

language
that has already disintegrated
in the surf of my lips

language
that is an infinite echo
of the silence concealed in me

БАШО

алле-хоп

и скача метафората
през огнения обръч на съзнанието

ала често е къс камшикът
или ръката е немощна
затова по словесните друми
все се спъваш в кости на звероукротители

най-добре е сам през обръча да скочиш
и да се пльоснеш сред мълчанието

жаба
в старо езеро
пльок

BASHO

allez up

and the metaphor jumps
through the flaming hoop of consciousness

but often the whip is short
or the arm is frail
that's why on the turnpike of words
you always stumble on tamers' bones

it is better to jump through the hoop yourself
and fall flat in the silence

a frog
into an old pond
plop

ДЪЛГО

скараха се
ангелите пазители

цял сонм
изпратени от най-различни божества
които имат за пагубността
критерии различни

сбиха се
и от перата им изскубнати
аз си изпредох какавидата

и спя

LONG

my guardian-angels
quarreled

a whole host
sent by different deities
with different criteria
for doom

they fought
and I wove a cocoon
with the plucked feathers

and slept in it

ПОДЯЛБА

щурче в леглото ни
надпява самотата
избликнала от слетите тела

обгръща ни
обвива ни гласът му
пълзи
лозница дива по въздигнатия ствол
на правената майсторски любов

сигурно сме го измислили
си мисля
додето пуша
зяпнал към тавана
а ти към банята отиваш

продължава
гласът му да надпява умиращите мигове
като гробар да ги заравя сред забравата

през есента ще вземеш ти крачката му
си мисля
а аз телцето му ще взема
тъй по равно
ще си го поделим
щурчето

DIVISION

a cricket in our bed
drowns out the solitude
welling up from our blended bodies

its voice enfolds us
encircles us
like a wild vine
climbing up the erect trunk
of our masterly lovemaking

surely we invented it
I think
while I smoke and
stare at the ceiling
and you go to the bathroom

it sings louder
and like a gravedigger
buries the dying moments
in forgetfulness

in the fall
you will take its little legs
I think
and I will take its little body
we will divide
the cricket
equally

В ОЧАКВАНЕ НА ПОЕЗИЯТА

съблече ланската си кожа
стихотворението
шмугна се между храстите
бързо и лъскаво
и отпълзя

индианска превръзка на челото
си направих
от сухите грапави думи
от люспите на метафорите
от мъртвата режеща сухота

под нея
дълбоко под черепа
се гънеха и премятаха лаврите
на неродените още
стихотворения

те все още си нямаха гъвкава плът
раздвоено езиче
и отрова набъбваща в корена
на своите остри
предчувстващи зъби

да
още се бавеха
навярно защото
не беше възкресено още тялото
което трябваше да умъртвят

IN ANTICIPATION OF POETRY

the poem
shed last year's skin
slid between the bushes
and glittering
slithered away

I made an Indian headband
of rough words
of metaphors' husks
their rasping dryness

under it
deep in my skull
unborn poems' larvae
curled and wriggled

they didn't have a supple flesh yet
or split little tongues
and no poison bubbled
in the roots
of their sharp
anticipating teeth

yes
they were slow
perhaps
because the body
they were going to murder
hadn't risen yet

ДОБРИЯТ ГРАДИНАР

дълбоко в себе си посадих
една рана

аз съм добър градинар
и прилежно се грижа за нея
окопавам я с болка
торя я с тъга
и я поливам с униние

мои безухи братя
мои безродни слепци
чувате ли и виждате ли

моята рана расте

THE GOOD GARDENER

deep inside me
I planted a wound

I am a good gardener
and diligently take care of it
I dig around it with pain
fertilize it with sadness
and water it with despondency

my earless brothers
rootless blind
do you hear and do you see

how my wound grows

ОБСАДА

малка порта
и детски обувчици

голяма порта
и дърти кондури

а зад всичките порти нищото
босо танцува
босо

SIEGE

a small door
child booties

a large door
old boots

and behind all doors
the nothing dances barefoot
barefoot

* * *

джипът ни пак бе затънал в пясъците
когато видяхме че слънцето
също

диво форсирано
все по-безнадеждно
риещо в плавната дюна отсреща
нечовешки набъбнало
обрасло в съсирени сенки

и тогава дойде
тишината
но не тази
която познавахме

предчовешката тишина дойде
и ние изтъняхме
разлюляхме се
и през телата ни прозираха звезди

и от петата на всеки от нас изпълзя
по едно пясъчно гущерче
което се шмугна
сля се

додето клетите ни сенки продължаваха да размахват
                                                    лопати
и да изриват колелата на затъналия джип

* * *

our jeep had sunk into the sand again
when we saw

that the savagely revved up
sun
was also sinking
into the smooth dune
facing us
it sank deeper and deeper
inhumanly swollen
overgrown with clotted shadows

and then silence arrived
but not the one we had known

a primordial silence came
we grew thin   transparent
and began to sway
stars shone through our bodies

out of one heel of each of us
a gecko crawled
then darted away
and disappeared into the sand

while our miserable shadows
continued to swing shovels
and dig out the wheels of our jeep

КОНЕТЕ НА АПОКАЛИПСИСА

пасат трева
конете на Апокалипсиса

конниците още не са дошли

привидно всичко е още спокойно
и конете си мислят за
дорести задници

бог уморено дъвче крайчеца на ангелско перо
до лактите омастилен
и съчинява последните строфи
от Откровението на Йоана

лисичата опашка
която трябва да попива кръвта
провиснала на копието на един от конниците
все още помита лисичи следи
сред пожълтели борови иглички

спи все още Вселенската блудница
и тепърва в нея ще почва да набъбва
огромното яйце на желанието
да обязди земята

ала мъртвите вече сглобяват
разпилените свои стави
за излизане се приготвят
и се чешат там дето започва
да ги обраства плътта

THE HORSES OF THE APOCALYPSE

the horses of the Apocalypse graze

the horsemen haven't arrived yet

everything seems quiet
and the horses dream
of chestnut haunches.

covered in ink to his elbows
God chews the tip of his angel quill
and wearily writes the last verses
of the Revelation of Saint John

the fox tail
that is going to hang
from a horseman's lance
and wipe blood
still sweeps fox trails
from the yellowing pine needles

the Whore of Babylon still sleeps
and the enormous egg of desire
has yet to swell in her
and girdle the earth

preparing to rise
the dead are already fitting
their scattered joints together
and scratching their freshly-grown
flesh

рано е
все още е рано
и сякаш все още може
да бъде направена стъпка назад
но това е само привидно

конете пасат трева
похотливо издуват ноздри
и само тревата тръпне
предусещайки гладките черепи
под своите крехки корени

it is early
it is still early
and it seems possible
to take a step back
but it only seems so

the horses graze
their nostrils flare lasciviously
and the grass alone shivers
sensing the smooth skulls
under its fragile roots

СТРАХ: ЕТО ГО ПАК

ето го пак страхът

шареното водоскоче
детската въртележчица
бодър съсел подал глава
от бърлогата си уютна

ето го пак страхът

с ледените му ручейчета
дето руйно се стичат
в тъмните гънки на мозъка
в плитките урви на дланите

ето го пак страхът

изплезва се присмехулно
на куц крак подскача
хваща те за ръчичка
и иска да си играете

иска да си играете

FEAR: HERE IT IS AGAIN

fear

a colorful fountain
a children's merry-go-round
a jaunty dormouse showing its head
out of its snug burrow

here is fear again

its icy rivulets
bubble down
your brain's dark ridges
your hands' shallow ravines

here is fear again

mocking
it sticks out its tongue
hops on one foot
takes you by the hand
and wants to play with you

it wants to play with you

ЦВЯТ НА ВИШНЯ

зрее в кошерите меда
зрее гибел в телцата пчелни
само спомен са зрелите вишни
с виолетовата им кръв
а какви бяха на цвят цветовете им

все едно
вече втечнен е прашецът
тежък е
гъст е и лепкав
дошло е времето за умиране
мои работни пчелички

смъртта има дъх на дим
вкус на мед има смъртта
и носи бяла мантия

какъв бе на цвят цветът на вишнята

SOUR CHERRY BLOSSOM

honey ripens in the beehives
doom ripens in the bee bodies
the ripe sour cherries
with their purple blood
are only a memory
what color were their blossoms

all the same
the nectar is already gathered
it's heavy
thick and sticky
the time for dying has come
my little working bees

death smells of smoke
death tastes of honey
and wears a white mantle

what color was the sour cherry blossom

Джаз

(1998)

напира
там от дъното
дълбоко

облизва залеза
с жежък език
с потна гръд притиска къна на зората
а гъвкавата му утроба се оставя
да бъде обладавана от вятъра

Jazz
(1998)

it wells up
from somewhere
down deep
licks the sunset
with a burning tongue
squeezes the dawn
to its sweaty chest
and the wind freely possesses
its supple womb

СЛУШАМ БЛУС

слушам блус
и пиша стихове
в утробата на този свят от който изходът прилича
на потна устна върху саксофона

I LISTEN TO BLUES

I listen to blues
and write poems
in the world's womb whose exit
resembles the sweaty lip of a saxophone

САРГАСОВО МОРЕ

морето бавно се превърна в блато

зад опнатата маска на платната
на вятъра лицето се превърна неусетно
в сбръчкано лице на древен старец

пенливата следа зад нас описа кръг
и ни затвори в примката на тишината

веслата сраснаха с ръцете ни и пуснаха
дълбоки корени в морето
сред гниещата и разлагаща се гмеж
от водорасли и медузи там където
по хълбок се приплъзваха към нас огромни октоподи
и мъртви риби птиците кълвяха

след някоя година още ще проходим по водата
окаяни христосовци които тътрят
към хоризонта своя кораб
ала сега е още рано
всяка стъпка
е стъпка в блато и разлагането алчно ни засмуква
тъй както мъртвотата всмуква всяка жива плът

не ни остава нищо друго освен да съзерцаваме
как абаносовата статуя на нашия закрилник
стърчи във фокуса на слънцето и бавно се топи

SARGASSO SEA

the sea slowly turned into a swamp

behind the taut mask of sails
the wind's face imperceptibly became
the wrinkled face of a very old man

the trail of foam behind us drew a circle
and enclosed us in a loop of silence

the oars grew into our hands
and through the rotting tangle
of seaweed and jelly fish
spread deep roots into the sea
where huge octopuses skidded on their hips
towards us and birds pecked at dead fish

in a year or two we shall walk on water
miserable Christs who drag their ship
toward the horizon
but it is still early
each step
is a step in the swamp and the rot sucks at us greedily
in the way dead flesh absorbs the living

there is nothing left but to contemplate
how the ebony statue of our guardian
looms in the sun's focus and slowly melts

ЗАКОНЪТ НА СИЛНИТЕ

как ловко заобикаля
как плавно прескача съчките
с меки и дебнещи лапки
вълкът

боровите иглички са ласкави
обгръщат неговите стъпки в пружинираща прегръдка
и ги съюзяват с тишината

храсталаците се разтварят
гъбките се отдръпват от пътя
и цветовете на цветята се присвиват
подобно сграбчилите плячка анемонии
бухалът склопва клепачи
таралежът се свива на топка
дори кълвачът спира продълбаването
на своите секунди в горския часовник
и времето се притаява

идва вълкът
минава през просеката на общото отдръпване
на общото примигване присвиване прилягане и
                                        притаяване
и зъбите ще склочат скоро над гръкляна прегръдката
                                        си брачна
и топлата димяща кръв ще лочи
лъчът предутринен
приплъзнал се като змия
помежду гъстите клонаци

THE LAW OF THE STRONG

how skillfully he skirts twigs
how lightly he leaps over them
with soft watchful paws
the wolf

pine needles caress him and wrap
his steps in a springy embrace
making them allies to silence

bushes open wide
mushrooms pull back
flowers fold
the way sea anemones
close on their prey
eagle owls lower their eyelids
a hedgehog curls into a ball
even a woodpecker
stops hollowing
the forest clock seconds
and time lies low

the wolf approaches
crosses the opening
left by the common withdrawal
                   winking shrinking cringing cowering
his teeth will soon close over a throat
               in a bridal embrace
and slithering as a snake
through the dense tangle
an early sun ray
will lap hot smoking blood

Скрити сетива

(1996)

все подозирам себе си
в недороденост

все още времето усещам
пъпна връв

която край врата ми
се увива

Secret Senses

(1996)

I always suspect
I haven't been born yet

I still feel time—
an umbilical cord

wrapping itself
around my neck

ПОТРЪП

поточето
подскачащо помежду здравец и бръшлян
тук-таме погалено от полет на рибарче

провря се между корените на един обречен дъб
оголи пътьом кости на мъртвец
и го оплака

преди да трепне като диво животинче
докоснато от сухите ми устни

QUIVER

a brook
murmuring between geraniums and ivy
caressed here and there by a kingfisher

wriggled through the roots of a dying oak
uncovered the bones of a dead man
and mourned him

then touched by my dry lips
it quivered like a little wild animal

НЕПРЕЖИВЯНОТО

с окършени клонки паметта ми расте
и птиците няма къде да свият гнездата си
и вятърът няма къде на кълбо да се свие и да заспи
и няма къде да подскачат с орехче в зъбите
рижите чувства

хищна висока и гола е моята памет
дреме на нейния връх като стълпник орел

само понякога нощем виждам разкошна корона
от измислени клони с пищни големи листа
там звезди се заплитат
там вещици любят се с дявола

и непреживяното в тъмните жили тупти

NEVER EXPERIENCED

my memory grows with snapped-off twigs
and birds have no place to build their nests
the wind nowhere to curl into a ball and fall asleep
nor do my red-furry feelings
holding a nut between their teeth
have a bough to skitter on

my memory is predatory tall and naked
and like a hermit an eagle dozes on its tip

and sometimes at night I see a magnificent crown
of imagined boughs and lush big leaves
where stars become ensnared
witches make love to the devil

and the never experienced throbs in my dark sinews

ЕРОТИКА V

аз съм тромпетът
ти си тишината
от моя вой изкормена
но сетне
последното ми горно до отново в теб
без ехо отзвучава
и без дъх
остава музикантът
с потни устни

и някъде
дълбоко в пропастта
изпъват вече нежни паячета
петолиния
за идните мелодии
които ти очакваш
вглъбена в себе си
несъкрушимо непристъпна

EROTICA V

I am the sax
you are the silence
disemboweled by my wail
my last upper C
dies down in you again
without an echo
the musician
is left without breath
with wet lips

and somewhere
deep down in an abyss
small tender spiders
begin to spin staves
for the melodies
you wait
engrossed in yourself
unconquerable unapproachable

ЕРОТИКА VI

има хищни цветя
ако те са покълнали в теб
нека бъда пчела заблудена

има диви въртопи
ако те са вдън твоята плът
нека бъда безмълвен удавник

има пламък в нощта
ако той е сред твойте гори
нека бъда припламнала в миг пеперуда

има жадна земя
ако тя е владение твое
нека бъда орач
нека бъда сеяч
нека нося нивото на гръб
и нека в нощвите ти
своя хляб да замеся

EROTICA VI

if predatory flowers
have blossomed in you
let me be the lost bee

if wild whirlpools
are deep in your flesh
let me be the silent drowning man

if in the night a fire
burns in your forests
let me be the butterfly ablaze

if thirsty land
is in your possession
let me be the ploughman
let me be the sower
let me carry the grist on my back
and knead my bread
in your trough

ЕРОТИКА VII

плътта ни
всъщност няма нищо общо тук

взаимно
разсъбличат се телата

оставям кожата
на стола да виси

ти в ъгъла нехайно
хвърляш своята

намирам своето
откраднато ребро

сърцето ми да отлети
ти пускаш през прозореца

от моя череп
ти си правиш пепелник

наместо чаша
аз използвам твоя

това
което е останало от нас

се люби безразсъдно
и нехайно

и изпод пепелта
на тази страст

възкръсваме и двамата
сияйни

EROTICA VII

flesh
has nothing to do with it

our bodies
undress each other

I hang my skin
on the chair

you casually throw yours
in the corner

I find
my stolen rib

you let my heart
fly out the window

you make an ashtray
of my skull

I use yours
as a glass

the part left

loves carelessly
recklessly

and from this passion's
ashes

we both rise
radiant

Кратко
(1995)

СКИТАЛЧЕСТВО

наприда стъпките ти
пътят

старица седнала пред прага
саван от нишките
тъче

Briefly
(1995)

RAMBLING

the road spins
your steps into yarn

an old woman
sitting on her doorstep
weaves a shroud with it

БЪЛГАРИЯ

самотен старец
иззад мръсния прозорец

а на перваза хищни гълъби
взаимно се изяждат

BULGARIA

a lonely old man
behind a dirty windowpane

on the sill
greedy pigeons fight

БЕЗ ДУМИ

като памук е тиха зимата
и сняг от клоните се срива
беззвучието да изпише
без думи
с бяло върху бяло

WITHOUT WORDS

the winter is quiet like cotton
snow slides down the boughs
to express soundlessness
without words
with white on white

ЛУНА

тихо

тихо

бяла светлина
през снега прохожда
боса

MOON

white light
quietly

quietly

strolls on the snow
barefoot

Слизайки

(1992)

Слизайки между затворени врати
той си спомняше една отворена за него
винаги отворена за него
сам между затворени врати

Мислейки за нея продължи
той да слиза даже и когато
свършиха се вече стъпалата
свършиха се всичките врати

Descending
(1992)

Descending alone between closed doors
he remembered a door left open for him
always left open for him

Thinking of it he continued to descend
even when all steps ended
all doors disappeared

ТЕОЛОГИЯ

бог е дете

на някакъв далечен и забравен бряг
строи дворци от пясък
които ние обитаваме

вълните идват и се връщат
и рушат стените
на пясъчните му дворци

а бог не знае още
че е бог
и с длан въздигната да спре вълната може

или пък знае
но не иска
защото без разруха е безсмислена играта

THEOLOGY

god is a child

on a distant forgotten shore
he builds castles of sand
we inhabit

waves roll in and recede
destroying the walls
of his sand castles

and god doesn't know
that he is god
and that his lifted hand can stop the waves

or he does know
but doesn't want to
since without devastation the game is meaningless

РОЖДЕНИЕТО

немотата понякога изтъняваше
и долавяхме тревожен трепет
като ехо на големия и шумен свят отвън
зовящ ни да разкъсаме непробиваемата немота
като родилна ципа

един друг се докосвахме чрез неми жестове
с опипване долавяхме нямото движение на устните
един на друг изпращахме пулсиращи сигнали с пресекващи
заекващи сърца
кога ще се родим
кога ще се родим
кога ще се родим

после изтъняваше предчувствието
и пак потъвахме сред немотата си желирана
присвивайки глава към коленете си
и чувствайки как ни набождат прошарени бради

и ето ни сега навън
брутално и внезапно
със зеещи дробове и раздрани сетива
големи сбръчкани
треперещи в недоумение
това ли е наистина и тази болка
от скъсаната пъпна връв ли е животът
викът защо се е заплел сред закърнелите ни гласни струни
не е ли късно и не сме ли вече

мъртвородени?

BIRTH

the silence lessened at times
and we sensed a troubled trembling
an echo of the large and noisy world beyond
begging us to break the impenetrable silence
like a placenta

we touched each other with quiet gestures
we felt the mute movement of our lips
and in sluggish stuttering heart beats
we sent each other pulsing signals
when are we going to be born
when are we going to be born
when are we going to be born

then our premonition lessened
and we sank into jellied silence again
pulled our knees close to our heads
and felt the prickling of our beards
sprinkled with white

brutally suddenly
we are outside
with empty lungs and ragged senses
large wrinkled
trembling bewildered
is this it
is life the pain from the severed umbilical
why is our cry snared in our withered vocal cords
isn't it late and are we not

still-born?

БОЖЕ

ти имаш тъй много различни лица
а аз тъй много различни маски
че ако аз сложа над всяко твое лице моя маска
и ако ти сложиш под всяка моя маска свое лице
светът ще се продъни от родилен вик
най-сетне с теб ще се окажем във взаимна
                                                   идентичност
и ще изчезнем сред анихилиращите вихри
защото може би са маски твоите лица
защото може би лица са моите маски
защото пълната Взаимност завършва с празнота
с едно мъгливо нищо
от което
наднича твоят двойник Сатаната
наднича като в кладенец във мен
да види свойто бистро
чисто отражение
и в твоето лице и в мойта маска

O LORD

you have so many different faces
and I wear so many different masks
that if I cover each of your faces
with one of my masks
and if behind each of my masks
you hide one of your faces
the world will collapse
finally the two of us will become identical
and disappear into an annihilating whirl
perhaps because your faces are masks
perhaps because my masks are faces
perfect Reciprocity always ends in emptiness
a murky nothing
containing your double   Satan
who peers at me
as if looking down a well
to see his clear
pure reflection
in your face and in my mask

Водни кръгове

(1991)

но ето
цопва словото
подобно камъче във езеро
смалява се
потъвайки
изчезва

оставят само кръговете водни
по гладката повърхност от мълчание

Rings of Water
(1991)

a word plops
in the lake
like a small stone
it sinks
becomes smaller
disappears

only ripples remain
on the smooth surface of silence

* * *

очите са цветя

денят нехайно минал
откъсва ги
но те възкръсват пак

невинно ококорени
с роса от сън покрити

* * *

eyes are flowers

the careless day
sauntering by
picks them
but they rise again

innocently staring
drenched in the dew of dreams

* * *

Дом за глухарчета и път
край който макове се смеят
и трънче в босата пета
и черна сянко
Черна Сянко
какво като вървиш след мен

* * *

A meadow
home for dandelions
a road
lined with poppies
laughing
a thorn in my bare heel
and a black shadow

Black Shadow
what if you follow me

* * *

Жаби скок
Тревожните мушици
над кръговете водни се защурват
Смок в тъмни коренища
Погълнати звезди

А от чинията сребриста на луната
вечеря старец с водораслова брада
Гнил пън е тронът му
очите му са чворове
и водни кончета в косите му цъфтят

Сега е вечен час
и кучетата вият
Огромни лилии разтварят цветовете си
подобно свит юмрук над раната в дланта
подобно просяшка ръка към висините

а горе
тази черна бабичка нощта
върви приведена
съзвездията скубе

* * *

A frog jumps
Skitter-bugs lift and scatter
over the rings of water
A grass snake in the dark roots
Immersed stars

An old man with a seaweed beard
eats his dinner from the moon's silver plate
His throne is a rotten tree trunk
his eyes are wood knots
and dragonflies bloom in his hair

This is the eternal hour
Dogs howl
Lilies unfurl their large flowers
like fists uncovering wounded palms
like beggars' hands opening to the skies

there night
this gloomy old woman
walks hunched
and plucks
constellations of stars

* * *

В гората се процежда светлина.
Тъй жилава е тя, че я отмества
дланта ми като рехава завеса
пред някаква невидима врата.

Вървя. Пропукват съчките под мен.
И сякаш този звук назад остава
и като стрък отново се възправя –
трептящ несигурно и леко осветен.

* * *

Light filters through the forest.
It's so sinewy, my hand draws it aside
like a sheer curtain hanging
across an invisible door.

I walk. Twigs snap under my feet.
It is as though this sound falters
and like a stalk rises again—
hesitantly swaying, barely lit.

НЕМОТА

Въздухът внезапно става плътен
Бръшлянът водораслово се люшва
Мушкати от саксиите подават
пулсиращи актиниеви устни
Прибоят между стрехите се плиска
мъждука екамосът на неона
От огледалото ме гледа тъпа мутра
с немигащи очи
с искрящи люспи

MUTE

Suddenly the air thickens
The ivy sways like seaweed
Geraniums peek over the pot's rim
and show pulsing anemone lips
Surf laps the gutters
and the seawater shimmers
In the mirror a dull mug looks at me
with unblinking eyes
and glistening scales

ХОРИЗОНТ

О, кой пергел е начертал
бездънно-синия ти кръг?

И аз – самотно-черна точка
съм все във центъра, където
с едно движение небрежно
се е забило острието.

HORIZON

Oh, what compass drew
your bottomless-blue circle?

And I—a lonely black point—I am
always the center into which
with one careless motion,
the nib is driven.

* * *

Разцъфна сливата – ветрецът вече рони
от клоните ѝ крехките цветчета.

Те като сняг
политат към земята
и сянката се мъчат да затрупат.

* * *

The plum tree is in bloom—
the wind picks from its boughs
the fragile blossoms

They flutter to the ground
like snow
and try to hide the shadow

* * *

Мисълта има своя повърхност

и дъно
което не виждаме

Седим като деца по стръмния ѝ бряг
и хвърляме по нея
                    плоски камъчета

* * *

Thought has its own surface

and depths
we can't see

we sit on its steep bank like children
and throw

                              pebbles at it

* * *

Отмиращи във спомена лица

Или убивани от новите
                        които
нахлуват варварски в успокоените пространства
разблъскват всичко в храма
                        пируват и вилнеят
повръщат в скута на довчерашната нежност

Загнива миналото в теб
разлага се

понякога
горчивината на умората от днешното разтваря
вратите на метастазиращата морга

* * *

Faces
fading in your memory

Or murdered by new images
    that
burst into the calm space like barbarians
shove everyone in the sanctuary aside
    booze rave
and vomit in the lap of yesterday's tenderness

The past
decomposes in you

Sometimes
today's bitter fatigue opens
the doors to the fast growing morgue

* * *

В голи стаи живее сърцето
и сляпо опипва стените

Щом открие врата
щом докосне прозорец
то се свива от ужас във ъгъла

и трепери
и вика зидарите

* * *

The heart lives in empty rooms
and blindly explores the walls

When it discovers a door
or touches a window

it cowers in the corner
horrified

trembles
and calls the masons

* * *

Има нещо тъмно в мен,
което чака своето рождение.
Не зная аз какво ще бъде то,
не мога да гадая за мига, часа, годината
и нямам сетива за тръпките родилни,
пронизващи духовната утроба.
Единствено предчувствие сред мрака,
лъжливо може би, очакването води.
В мен е светът, аз знам —
заченат, още тъмен,
сляп сгърчен ембрион в плацентата на хаоса.
Надявам се. Очаквам го. Мечтая го.

При все че може би родилният му вик
ще бъде слят със моя вик предсмъртен.

* * *

There is something dark in me,
waiting to be born.
I don't know what it is,
I can't guess the moment, hour, year of its birth.
And I don't have senses to feel the contractions
of the spiritual womb.
This waiting creates a premonition in the dark,
erroneous perhaps.
I know this world is contained in me—
conceived, still dark,
a blind wrinkled embryo in the placenta of chaos.
I hope. I wait. I dream of it.

Though it's possible that its birth cry
will merge with my last breath.

* * *

в калта
ръцете оживяват

бавно се размърдват пръстите
лениви червеи след дъжд
умело доизвайват себе си
и продължават
продължават

оформят торса шията лицето
извивката на устните и още мъртвите очи
в чиито остри ъгълчета дебнат петънца от
                                          избухлива влага

завършено е сътворението
сега очаква се духът

но хищното и жадно тяло не е в настроение да чака

* * *

in the mud
the hands come to life

the fingers begin to move slowly
lazy worms after rain
they finish sculpting themselves skillfully
and continue

continue
forming the body neck face
the lips' curve and the still dead eyes
spots of explosive damp lurk
                    in their sharp corners

the creation is finished
now the spirit is expected

but the greedy
            rapacious body
                        is in no mood to wait

Обратното дърво

(1989)

Подобно на удавник протяга то ръце
надолу към калта
лепкава и смрадна.

Надолу към пръстта,
от червеи проядена,
към гнилите листа, сумтящите свине.

Прозрачни корени в небето го държат –
те пият нежността на райската прохлада;
реки сребристи сякаш през въздуха струят –
искрящи нишки в облака вдълбани.

Изопнато дърво – от болка цяло свети,
напира с клони устремено към земята –
почти докосва своите събратя,
изправени на пръсти от жажда
по небето.

Reversed Tree

(1989)

Like a drowning man, it stretches its arms
downward to the mud,
downward to the sticky, stinking mud.

Downward to the dirt,
eaten through by worms,
toward rotten leaves, grunting pigs.

Transparent roots attach it to the sky—
silvery rivers flowing through the air,
sparkling strands, embedded in clouds—
drinking tenderness from paradise's cool.

A taut tree—shining with pain—
reaches down with its boughs
and almost touches its brothers,
standing on toes, thirsting for the sky.

* * *

Някой бе събирал в своя двор
изхвърлените коледни елхи –
навярно да си пали с тях камината през зимата.
Поспрях за малко, за да ги погледам –
прекрасни бебета-дървета, жълти от смъртта,
забили нокти в мърлявия сняг,
с оръфани ръце посочили небето.
Как ли са изглеждали сред топлия уют –
невинни Пепеляшки в дрехи на принцеса?
И как ли би изглеждала гората им,
ако поникнеше внезапно в този двор?
Огромни борове със яки рамене –
тълпа от хулигани сред квартала
разблъскали стените със ръце
и къщите разритали със корени...

* * *

Somebody had gathered
discarded Christmas trees in his backyard—
to burn in his fireplace, perhaps.
I stopped to look at them for a while—
beautiful baby-trees, yellowed by death,
driving their nails into the dirty snow,
pointing their ragged arms toward the sky.

How did they look in cozy rooms—
innocent Cinderellas dressed as princesses?
And how would a forest of them look
if they suddenly grew in this yard?
Huge pine trees with sturdy shoulders—
a crowd of hooligans,
pushing the wall with their boughs,
kicking the house with their roots . . .

ГОЛЯМОТО ЗАВРЪЩАНЕ

А боговете вече се завръщат
съсипани от дългата си битка.
Завръщат се сразени, изпохапани
между останки от разбити небеса.
Събличат изпокъсаните туники,
свалят си един на друг крилете,
небрежно разпиляват целия си реквизит
от скиптъри, венци и диадеми.
Не им подхожда вече да държат юздите на съдбата,
ни да са страдалци и спасители човешки.
Приличат на разбита, разбунтувала се армия,
която казва „Стига!“ и „Не можем вече повече!“
Изгнил е жилавият пъп на вечността
и те повръщат при самата мисъл за безсмъртие.
Най-многото, което биха пожелали,
е да се проснат в някоя ливада край реката,
да гледат как прелитат водни кончета
и да благославят неведомата мимолетност.

THE GREAT RETURN

And the gods return
ravaged after their long battle.
Among the ruins of their skies,
defeated, savaged,
they take off their torn tunics,
remove each other's wings.
They scatter their props—
scepters, laurel leaves, diadems.
It doesn't suit them anymore
to hold the reins of fate
or to be the sufferers and
saviors of the human race.
They look like a conquered, rebellious army
that says, "Enough! We cannot continue!"
The hard core of eternity has eroded,
and the thought of immortality makes them vomit.
They wish to stretch in a river meadow,
see the dragonflies sailing by
and bless the unknown fleeting moments.

ОРИС

Часовникът се счупи и пясъкът се пръсна.
Не съществува време и никой не възкръсва.
Напред сега назад е, нагоре е надолу.
Пророците са неми, царете ни са голи.
Фалшив е всеки плач, и кух е всеки ропот.
Потопът е във нас, и ние сме в потопа.
Какво да променим, историйо безлика?
Какво от нас зависи, от нас какво се иска?
Какво сме надробили и кой ни е орисал?
Кой в угарта словесна ще засее смисъл?
Разлъчени с делата, ръцете ни умират.
Душите ни са жаби, а блатото всемир е.
Защо наместо гълъб изпратихме орлите
в пространствата духовни, разпнати под звездите?
Защо деца се раждат, какво да им разкажем,
когато фалшът лази през приказките даже?
И как по пътя блуден да търсим пак Итака,
когато мракът в нас е и ние сме във мрака?

DESTINY

The hourglass is broken, the sand scattered.
Time doesn't exist and no one rises from the dead.
Now forwards is backwards, up is down.
The prophets are mute, and the kings are naked.
Our tears are a masquerade, our protests-hollow.
The flood is in us and we are in the flood.
Faceless history, what should we change?
What depends on us, what is expected from us?
Into what mess did we get ourselves
and who determined our destiny?
Who will seed the fallow fields of words with sense?
Divorced from deeds, our hands wither.
Our spirits are frogs, and the universe is a swamp.
Why did we send eagles instead of doves
into our sanctuaries under the stars?
Why are children born, and what shall we tell them
when hypocrisy creeps even into fairy tales?
And how shall we search for our Ithaca
on this depraved road
when the dark is in us and we are in the dark?

СКОРОСТ

Делата изпреварват своето осмисляне.

Това,
което бе доскоро наша скорост,
е вече вън от нас
и ни влече.

Пилетата се излюпват,
преди да са заченати яйцата им.
Преди да са покълнали фиданките,
над нас валят листа.
Преди да драснем клечката кибрит,
огнището е пълно вече с пепел.

И скоро бременни жени ще посещават
                           погребалните бюра
наместо магазините за бебешки играчки.

И бъдещата мистика ще се домогне
до своя висш езотеричен знак:
змия захапала главата си.

SPEED

The undertaking overtakes the reason for it.

The thing
that has recently been our speed
is already outside us
and drags us along.

Chicks hatch
before their eggs are fertilized.
Leaves rain on us
before the saplings have sprouted.
Before we have struck a match,
the fireplace is full of ashes.

Soon pregnant women will visit funeral parlors
instead of toy shops.

And the future mysticism will aspire
to its highest esoteric sign:
a snake, biting its head.

НЯКОГА НА ХЪЛМА

на Илко

Под тъмната трева на детството лежа,
заслушан във жуженето на спомени,
които пълнят восъчните пити
с меда на избуялото мълчание.

Над хълм от суха пръст с мъждукащи лозя
въртеше се в разжарен кръг неделята
и пепелта се ронеше по хълбоците жълти
на грохнали обори и плевници приведени.
Следях пълзенето на охлюва по каменния зид
и виждах как следата посребряваше след време.

Аз съзерцавах Времето, обрасло с нежен мъх
или стаено в пущинака, дето съхнеха
съблечените змийски кожи, заклещени сред коренаците.
Бе мълчалив светът и ласкав бе към мен -
докосваше ме чрез ръката грапава на камъка,
шепнеше в ореховите листа, а аз,
прегърнал клоните като приятели,
попивах неговата тайна.

Тъй малък свят, тъй малък къс небе,
покрито с птици и със галещи ухания,
и всъщност малко дни, които закърняват и до днес,
изтръгвани по малко с всеки миг,
със всеки миг - разлъчващ и изгарящ.

ONCE ON A HILL

I lay under the dark grass of childhood,
listening to the buzzing of memories,
filling the beehives of my days
with the honey of luxuriant silence.

Over a hill of dry earth and flickering vineyards,
Sunday went round in a fiery circle
and ashes fell upon the yellow hips
of tumbledown stables and crooked barns.
I watched a snail crawl a stone wall
and saw how its trail slowly turned silver.

I contemplated Time, overgrown with soft moss
hidden in the wilderness, where snake skins,
caught in tree roots, dried slowly.
A silent and caressing world touched me
with the rough face of a rock,
whispered in the leaves of a walnut tree,
and I, embracing its boughs as a friend,
absorbed its secret.

Such a small world, such a small cut of the sky,
filled with birds, with soothing scents,
and only a few days, still healing,
wrung from every instant, little by little,
from every parting and burning instant.

TRANSLATOR'S NOTE

These things are not secrets but
mysteries

Seamus Heaney

I am often asked why and how I choose a poet to translate? I always answer, because I like his poetry; it speaks to me. And indeed, a poem has to speak to me if I am going to be inspired by it and write it in a different language.

In this metamorphosis something magic happens—a new poem is born. And it is a child of two parents: the poet and the translator.

As I select which poems to translate and to include, I am creating a new book—it is not only a new English book but also a new Bulgarian book.

I read Edvin Sugarev's poems for the first time in 1990. I was preparing a selection of Bulgarian poetry for an *Anthology of Eastern European Poetries in the Eighties* published by Fairleigh Dickinson Press. I translated several poems from *Reversed Tree*, his first legally published book (he had two volumes of poetry in Samizdat). I also began to translate short poems from his second book, *Kaleidoscope*. Looking at the file dates in my computer, I see that I have been translating his poems for the last fifteen years, though fitfully, for I have been busy with other projects. I started to work seriously on preparing a book of his poetry two years ago.

Why did I go back to Edvin Sugarev's poems? As poets themselves change their style with time, so do translators change their choice. When one writes poetry (albeit the poetry already written by someone else), one is powerfully influenced by it. There often exists a resonance between poet and translator. And such resonance comes as suddenly and mysteriously as poems arrive to poets. It is hard to explain why at certain time the poetry of one poet speaks to the translator more powerfully than the poetry of another.

But is it enough for a translator to like a poem, or for that matter, the poet? The translator has also to be a good literary critic; the translator should have an esthetic sense and like good poetry, poetry written by poets well known in their country and representative of its literature. Such a poet is Edvin Stefanov Sugarev.

He was born on December 27, 1953, in Sofia. Since his father, a musician, died soon after his birth, Sugarev was raised by his Swedish mother. He graduated from high school in 1971, did his compulsory army service and enrolled in Sofia University in 1973. As at that time, the communist authorities decided who would choose what profession; Sugarev had to major in geology. He remained a student at the Geology Department for one term, and then worked as a mailman. Next school year, he succeeded in enrolling in the Faculty of Bulgarian Language and Literature. After he received his BA in 1978, he found work as a librarian in the Medical Academy in Sofia. Finally in 1980, he began to teach Bulgarian as a second language to foreign students. He became a graduate student at the Institute for Literature of the Bulgarian Academy of Sciences in 1981, and defended his dissertation on "Bulgarian Literature after the First World War and German Expressionism" in 1984. The year after, he was appointed as a research associate at the Institute. During all this time he was writing poetry, but he knew that his poetry had little chance of appearing in the censorship-controlled official literary magazines.

Fortunately, the times were changing: PERESTROIKA slowly but inexorably was transforming the communist dictatorships in Eastern Europe. In 1989, the year when the Berlin Wall fell, *Reversed Tree*, Sugarev's first non-Samizdat book of poetry appeared.

Its eponymous poem introduces us to most of the characteristic features of his style: beautiful lyric images and a modern skeptic attitude towards reality. The wealth of forms in the book clearly suggests that the poems were written over many years.

Since then Sugarev has published eighteen volumes of poetry and a novel.

His development as a poet and the variety in style, language and poetic subjects in his work is remarkable. He wrote brief poems of three lines in *Kaleidoscope* (1990), *Briefly* (1995), *Haiku from Kamen Briag* (1997) and long existential poems in *Descending* (1992); he expressed his love of jazz in *Jazz* (1998), explored religion in *Book of Dreams* (1999), and created surrealistic impressions of nature in *Rings of Water* (1991). His best love poems are in *Secret Senses* (1996) and *Lingua Lingam* (2001); the interplay of love and death—in *Devouring Words* (2003).

The transition to democracy in Bulgaria has been long and painful.

In 1991 Sugarev went on a hunger strike. There were also huge demonstrations on the square facing the parliament. Finally, the first democratic government under Philip Dimitrov (a writer himself) came to power.

In the nineties, the dissident Sugarev became a famous politician. He was elected twice as a representative in the Bulgarian Congress; he became the director of *Demokratsiia* (Democracy), the most important liberal newspaper.

His ambassadorship to Mongolia and India in the second democratic government (1997-2002) took him to the East and gave him the opportunity to get intimately acquainted with Eastern philosophy and literature. It also brought him into contact with the spectacular landscapes of the Gobi desert in Mongolia.

Even if he is the best lyrical poet of his generation, Sugarev's fame as a politician and journalist—fighting corruption, fighting for a free and democratic Bulgaria with an independent judiciary of integrity—has to a degree eclipsed his standing as a poet. However, his latest book, *My Country* (2005), produced a great stir.

The arrangement of the poems in the book is somewhat unusual—it is anti-chronological. The reader reads his new poems first, and then his earlier poems. The reason for this decision was the realization that, as in life, we get to know a person in the present and then gradually learn his past

I wish to thank US1 Poets' Cooperative for their constructive criticism, and especially my editor Lois Marie Harrod for her invaluable editorial advice.

I also would like to express my gratitude to Edvin Sugarev for writing poems—so full of remarkable images, startling metaphors and lovely language—thus giving me the opportunity to join him in the endeavor of creating beauty.

I would like to end with Keats's famous lines that so aptly describe Sugarev's poetry:

Truth and beauty,
Beauty and truth.